HUSUM

Storm-Stadt

Texte von Theodor Storm

Fotografien von Günter Pump

Husum

Theodor Storms Husum

Als „Husembro" 1252 erstmals urkundlich erwähnt wurde, lag die Ansiedlung noch nicht direkt an der Nordsee. Erst die großen Sturmfluten von 1362 und 1634, die „Groten Mandränken", verschlangen so viel Land westlich des Ortes, dass Husum immer näher an die Nordsee heranrückte. Die günstigere geografische Lage nach 1362 ermöglichte Husum den Bau des Binnenhafens (S. 14) und damit den wirtschaftlichen Aufstieg als Marktflecken und Umschlagplatz für die Agrarprodukte Eiderstedts und Nordfrieslands. Der Handel wurde zudem durch die Lage Husums am westlichen Ochsenweg, seinerzeit die zentrale Route des Viehhandels, begünstigt. Die erste wirtschaftliche Blüte währte bis um 1600 und gipfelte in dem Bau des herzoglichen „Schlosses vor Husum" 1577–82 durch Herzog Adolf von Schleswig-Holstein-Gottorf an der Stelle des ehemaligen Franziskanerklosters. Die Nebenresidenz diente den Herzoginnen Augusta (†1639) und Maria Elisabeth (†1684) als Witwensitz. 1721 wurde das Schloss Eigentum des dänischen Königshauses, stand lange Zeit leer und verfiel, bis es 1751/52 dem barocken Zeitgeschmack entsprechend umgebaut wurde. In diesem Stil ist es auch heute, nach der Restaurierung, wieder zu sehen (S. 38). Weitgehend unverändert hat sich das Torhaus (S. 36) aus dem Jahre 1612 erhalten und lässt erahnen, in welchem Stil das Schloss ursprünglich erbaut war. Auch der Schlosspark hat im Laufe der Zeit mehrere Umgestaltungen erfahren, wie auch ein Vergleich der heutigen Situation mit Storms Beschreibung in „Aquis submersus" zeigt. Im Jahr 1603 erhielt Husum von Herzog Johann Adolf von Gottorf das Stadtrecht verliehen. Mit der zweiten großen Sturmflut 1634 war der wirtschaftliche Aufschwung der Stadt erst einmal vorbei. Viele Bauern und Fischer, die regelmäßig zum Markt nach Husum gekommen waren, verloren in dieser Katastrophe Hab und Gut, und viele auch ihr Leben. Erst als Husum 1867 mitsamt den Herzogtümern Schleswig und Holstein in den preußischen Staat überging, kam wieder Schwung in den Handel. Es entstand ein wichtiger Viehmarkt, Ochsen aus der Marsch wurden hierher getrieben und im großen Stil per Schiff oder Bahn weitertransportiert. Der letzte große Viehmarkt auf dem Gelände nordwestlich des Schlossparks fand noch 1966 statt.

Heute ist Husum Kreisstadt Nordfrieslands mit allen entsprechenden Einrichtungen. Neben zahlreichen modernen Gebäuden besitzt die Stadt einen gepflegten alten Stadtkern mit Gebäuden aus verschiedenen Epochen der Stadtgeschichte. Zahlreiche Beispiele hierfür liefern die Großstraße (S. 62) und die Wasserreihe (S. 24). Viele dieser baulichen Zeitzeugen waren bereits zu Storms Zeit historisch, wie z. B. das Herrenhaus in der Großstraße, das sich seither auch nur wenig verändert hat (S. 58), und das Kloster St. Jürgen (S. 70), nach dem Storm eine seiner Novellen benannt hat (In St. Jürgen, 1867). Auf dem zugehörigen Friedhof befindet sich heute das Grab Theodor Storms. Andere Bauwerke, die heute zum Stadtbild gehören, entstanden erst zu Storms Lebzeiten. Hierzu gehört auch die Kirche St. Marien (S. 66), die an Stelle der Vorgängerkirche Alt-St.-Marien 1828–32 im Stadtzentrum errichtet wurde. Der Bau von Alt-St.-Marien wurde bereits 1436 mit der Errichtung einer Kapelle begonnen, an die später weitere Gebäudeteile angebaut wurden. Die Kirche musste 1807 wegen Baufälligkeit abgerissen werden. Die neue Marienkirche entstand nach Plänen des dänischen Baumeisters C. F. Hansen und gilt als eines der Hauptwerke des Klassizismus in Nordfriesland. Auch die altehrwürdige Husumer Gelehrtenschule, die auch Theodor Storm besucht hatte, erhielt zu seinen Lebzeiten ein neues Gebäude. Die Schule ist zwar 1974 in ein modernes Gebäude nahe des Hauptbahnhofes umgezogen, doch das alte Schulhaus in der Süderstraße existiert noch und beherbergt heute das Fünf-Sterne-Hotel „Altes Gymnasium" (S. 82).

Wenn sich auch das Erscheinungsbild der Stadt seit der Entstehung von Storms Werken gewandelt hat, sind doch viele der Schauplätze, die durch Theodor Storm weltweit bekannt geworden sind, auch heute noch vorhanden. Bei einem Spaziergang durch Husum begegnet man auf Schritt und Tritt dem großen Dichter, der seiner Heimatstadt literarisch ein Denkmal gesetzt hat.

Es ist nur ein schmuckloses Städtchen, meine Vaterstadt; sie liegt in einer baumlosen Küstenebene und ihre Häuser sind alt und finster. Dennoch habe ich sie immer für einen angenehmen Ort gehalten, und zwei den Menschen heilige Vögel scheinen diese Meinung zu teilen. Bei hoher Sommerluft

SCHWEBEN FORTWÄHREND STÖRCHE ÜBER DER STADT, DIE IHRE
NESTER UNTEN AUF DEN DÄCHERN HABEN; UND WENN IM APRIL DIE
ERSTEN LÜFTE AUS DEM SÜDEN WEHEN, SO BRINGEN SIE GEWISS
DIE SCHWALBEN MIT, UND EIN NACHBAR SAGT'S DEM ANDERN, DASS
SIE GEKOMMEN SIND.

In St. Jürgen

OSTERN

Es war daheim auf unserm Meeresdeich;
Ich ließ den Blick am Horizonte gleiten,
Zu mir herüber scholl verheißungsreich
Mit vollem Klang das Osterglockenläuten.

Wie brennend Silber funkelte das Meer,
Die Inseln schwammen auf dem hohen Spiegel,
Die Möwen schossen blendend hin und her,
Eintauchend in die Flut die weißen Flügel.

Im tiefen Kooge bis zum Deichesrand
War sammetgrün die Wiese aufgegangen;
Der Frühling zog prophetisch über Land,
Die Lerchen jauchzten und die Knospen sprangen.

Entfesselt ist die urgewalt'ge Kraft,
Die Erde quillt, die jungen Säfte tropfen,
Und alles treibt, und alles webt und schafft,
Des Lebens vollste Pulse hör ich klopfen.

Das Deichvorland bei Husum, im Hintergrund Nordstrand.

Der Flut entsteigt der frische Meeresduft,
Vom Himmel strömt die goldne Sonnenfülle;
Der Frühlingswind geht klingend durch die Luft
Und sprengt im Flug des Schlummers letzte Hülle.

O wehe fort, bis jede Knospe bricht,
Dass endlich uns ein ganzer Sommer werde;
Entfalte dich, du gottgebornes Licht,
Und wanke nicht, du feste Heimaterde! –

Hier stand ich oft, wenn in Novembernacht
Aufgor das Meer zu gischtbestäubten Hügeln,
Wenn in den Lüften war der Sturm erwacht,
Die Deiche peitschend mit den Geierflügeln.

Und jauchzend ließ ich an der festen Wehr
Den Wellenschlag die grimmen Zähne reiben;
Denn machtlos, zischend schoss zurück das Meer –
Das Land ist unser, unser soll es bleiben!

Eine Reihe schwerer Sturmfluten ereignete sich im Laufe der Jahr-
hunderte an der Nordseeküste vor Husum. Bei der Sturmflut im
Jahr 1362 sorgte der Landverlust der Lundenberg-Harde, das der
Hafen nun durch die Husumer Au einen schiffbaren Zugang zum
Meer hatte.

DIE STADT

Am grauen Strand, am grauen Meer
und seitab liegt die Stadt;
der Nebel drückt die Dächer schwer,
und durch die Stille braust das Meer
eintönig um die Stadt.

Es rauscht kein Wald, es schlägt im Mai
kein Vogel ohn Unterlass;
die Wandergans mit hartem Schrei
nur fliegt in Herbstesnacht vorbei,
am Strande weht das Gras.

Doch hängt mein ganzes Herz an dir,
du graue Stadt am Meer;
der Jugend Zauber für und für
ruht lächelnd doch auf dir, auf dir,
du graue Stadt am Meer.

So könnte Theodor Storm den Hafen und die Stadt
gesehen haben, als er 1851 sein bekanntestes Ge-
dicht schrieb.

CARSTEN CURATOR

Der Wind kam steif aus Westen; der Arm, mit dem die Nordsee in Gestalt des schmalen Hafens in die Stadt hineinlangt, war von trübgrauem Wasser angefüllt, das kochend und schäumend schon die Hafentreppen überflutet hatte und die kleinen vor Anker liegenden Inselschiffe hin und wider warf. Hie und da begann man schon vor Haustüren und Kellerfenstern die hölzernen Schotten einzulassen, zwischen deren doppelte Wände dann der Dünger eingestampft wurde, der schon seit Wochen auf allen Vorstraßen lagerte.

Aus dem Hause an der Twiete trat, von Brigitte zur Tür geleitet, ein junger Schiffer, der sich mit einer wollenen Jacke für den Winter ausgerüstet hatte; aber der Sturm riss ihm das Papier von seinem Packen und den Hut vom Kopfe. „Oho, Jungfer Brigitte", rief er, indem er seinem Hute nachlief, „der Wind ist umgesprungen; das gibt bös Wasser heut!"

„Herr du mein Jesus!", schrie die Alte; „sie dämmen überall schon vor! Christinchen, Christinchen!" – sie wandte sich zu einem Nachbarskinde, das sie in Abwesenheit der Eltern in ihrer Obhut hatte – „die Schotten müssen aus dem Keller! Lauf in die Krämerstraße; der lange Christian, er muss sogleich herüberkommen!"

Das Kind lief; aber der Sturm fasste es und hätte es wie einen armen Vogel gegen die Häuser geworfen, wenn nicht zum Glück der lange Christian schon gekommen wäre und es mit zurückgebracht hätte.

Am verträumten Binnenhafen, dem ältesten Teil des Hafens.

Nur bei Niedrigwasser sind im Hafen die historischen Kaimauern zu sehen und die alte Zingelschleuse in der Form eines großen Tores. Ein Wappen und die Jahreszahl 1858 weisen auf die Erbauung hin.

Die Schotten wurden herbeigeholt und vor der Haustür bis zu halber Manneshöhe eingelassen. Als die Dämmerung herabfiel, war fast der ganze Hafenplatz schon überflutet; aus den dem Bollwerk nahe gelegenen Häusern brachte man mit Böten die Bewohner nach den höheren Stadtteilen. Die Schiffe drunten rissen an den Ankerketten, die Masten schlugen gegen einander; große weiße Vögel wurden mitten zwischen sie hineingeschleudert oder klammerten sich schreiend an die schlotternden Taue.

Brigitte und das Kind hatten eine Zeit lang der Arbeit des langen Christian zugesehen; jetzt saßen sie im Dunkeln in der Stube hinter den fest angeschrobenen Fensterläden. Draußen das Klatschen des Wassers, das Pfeifen in den Schiffstauen, das Rufen und Schreien der Menschen; wie grimmig zerrte es an den Läden, als wollte es sie herunterreißen. „Hu", sagte das Kind, „es kommt herein, es holt mich!"

Der Hafen in Husum war früher von großer Bedeutung für die Schiffe, die für den Handel zwischen den Städten im schleswiger Raum den kürzesten Weg wählten.

GESCHICHTEN AUS DER TONNE

Einer der wackersten Spielkameraden in meinen Knabenjahren war Claas Räuber. Er war der Sohn eines armen Schuhflickers und schon seit mehreren Jahren ein Stadtwaisenkind; den Beinamen Räuber aber hatten seine Genossen ihm gegeben, weil er in dem Spiel „Räuber und Soldat", das wir an hellen Sommerabenden zu exerzieren pflegten, eine besondere Geschicklichkeit besaß und daher auch stets nur als Räuber ausgehoben wurde. Trotz seines abschreckenden Titels aber war Claas Räuber der ehrlichste und spaßhafteste Bursche von der Welt, und besaß außerdem noch ein anderes, von seinen Genossen sehr geschätztes Talent. An den kurzen Herbstabenden nämlich, wo uns für die ausgelassenen Spiele nach der Schulzeit gar bald das Licht ausging, pflegten wir uns auf den breiten Steinen einer Haustreppe zusammenzufinden, und nun hieß es: „Stücken vertellen." Hier war nun Claas Räuber wieder der beste und beliebteste Kamerad, denn sein Reichtum an allen möglichen Arten von Döntjes und Schnurren war unerschöpflich. Je heimlicher aber und verborgner wir unseren Märchensaal aufgeschlagen hatten, desto schöner hörten sich die Geschichten an, desto lebendiger traten all' die wunderlichen und süßen Gestalten, die verwünschten Prinzen und Prinzessinnen, Schneewittchen und die Frau Holle vor unsere Fantasie; ja ich erinnere mich, dass wir einmal bei einer solchen Gelegenheit ganz deutlich den Niss Puk aus einer Dachöffnung in meines Vaters Scheune herausgucken sahen, und in Folge dessen einen zwar vergeblichen Feldzug durch die sämtlichen Böden gegen den

Das Elternhaus Theodor Storms in der Hohlen Gasse 3. Es wurde 1700 erbaut und 1777 durch das so genannte Pack- und Kontorgebäude erweitert. Der Anbau wurde 1965 wieder abgerissen. Das „Packhaus unweit meines Vaters Schreibstube" ist der Schauplatz der „Geschichten aus der Tonne".

Kobold unternahmen. Mich vorzüglich trieb jene Vorliebe für heimliche Erzählungs-plätzchen zur Entdeckung immer neuer Schlupfwinkel. So hatte ich unter andern eine große leere Tonne dazu ausersehen, welche in einem Packhause unweit meines Vaters Schreibstube stand. In dieser Tonne hab ich die schönsten Geschichten meines Lebens gehört. Sie war das Allerheiligste, das nur von mir und Claas bezogen wurde. Hier kau-erten wir abends, wenn ich aus den Privatstunden kam, zusammen, nahmen meine kleine Laterne, die wir zuvor mit einigen Lichtendchen versehen hatten, auf den Schoß und schoben, nachdem wir hineingeklettert waren, ein großes, auf der Tonne liegendes Brett von innen wieder über die Öffnung derselben, so dass wir wie in einem kleinen Stübchen zusammen saßen. Wenn nun die Leute abends nach meines Vaters Schreib-stube gingen und ein dumpfes Gemurmel aus der alten Tonne aufsteigen hörten und einzelne verlorene Lichtstrahlen daraus hervorschimmern sahen, so konnte der alte Schreiber nicht genug die wunderliche Ursache davon berichten.

Das Haus Hohle Gasse 4, Maueranker mit der Jahreszahl 1712, ist ein Beispiel für ein Husumer Bürgerhaus aus dem 18. Jahrhundert. Der Giebel ist fast unverändert geblieben.
Die Hohle Gasse mit dem Backsteinbau und der Freitreppe bildete wohl teilweise den Schauplatz zu Storms Novelle „Die Söhne des Senators".

Viola tricolor

Es war sehr still in dem großen Hause; aber selbst auf dem Flur spürte man den Duft von frischen Blumensträußen.

Aus einer Flügeltür, der breiten in das Oberhaus hinaufführenden Treppe gegenüber, trat eine alte sauber, gekleidete Dienerin. Mit einer feierlichen Selbstzufriedenheit drückte sie hinter sich die Tür ins Schloss und ließ dann ihre grauen Augen an den Wänden entlangstreifen, als wolle sie auch hier jedes Stäubchen noch einer letzten Musterung unterziehen; aber sie nickte beifällig und warf dann einen Blick auf die alte englische Hausuhr, deren Glockenspiel eben zum zweiten Mal seinen Satz abgespielt hatte.

„Schon Halb!", murmelte die Alte; „und um Acht, so schrieb der Herr Professor, wollten die Herrschaften da sein!"

Hierauf griff sie in ihrer Tasche nach einem großen Schlüsselbund und verschwand dann in den hinteren Räumen des Hauses. – Und wieder wurde es still; nur der Perpendikelschlag der Uhr tönte durch den geräumigen Flur und in das Treppenhaus hinauf; durch das Fenster über der Haustür fiel noch ein Strahl der Abendsonne und blinkte auf den drei vergoldeten Knöpfen, welche das Uhrgehäuse krönten.

Dann kamen von oben herab kleine leichte Schritte, und ein etwa zehnjähriges Mädchen erschien auf dem Treppenabsatz. Auch sie war frisch und festlich angetan; das rot und weiß gestreifte Kleid stand ihr gut zu dem bräunlichen Gesichtchen und den glänzend schwarzen Haarflechten. Sie legte den Arm auf das Geländer und das Köpfchen auf den Arm, und ließ sich so langsam hinabgleiten, während ihre dunklen Augen träumerisch auf die gegenüberliegende Zimmertür gerichtet waren.

Einen Augenblick stand sie horchend auf dem Flur; dann drückte sie leise die Tür des Zimmers auf und schlüpfte durch die schweren Vorhänge hinein. – Es war schon däm-

In diesem alten Bürgerhaus aus dem Jahr 1730 in der Wasserreihe 31 hat Theodor Storm von 1866 bis 1880 gewohnt. Heute ist hier in der Wasserreihe das Storm-Zentrum untergebracht.

merig hier; denn die beiden Fenster des tiefen Raumes gingen auf eine von hohen Häusern eingeengte Straße; nur seitwärts über dem Sofa leuchtete wie Silber ein venezianischer Spiegel auf der dunkelgrünen Sammettapete. In dieser Einsamkeit schien er nur dazu bestimmt, das Bild eines frischen Rosenstraußes zurückzugeben, der in einer Marmorvase auf dem Sofatische stand. Bald aber erschien in seinem Rahmen auch das dunkle Kinderköpfchen. Auf den Zehen war die Kleine über den weichen Fußteppich herangeschlichen; und schon griffen die schlanken Finger hastig zwischen die Stängel der Blumen, während ihre Augen nach der Tür zurückflogen. Endlich war es ihr gelungen, eine halb erschlossene Moosrose aus dem Strauße zu lösen; aber sie hatte bei ihrer Arbeit der Dornen nicht geachtet, und ein roter Blutstropfen rieselte über ihren Arm.

Das „Wohnzimmer" (das sog. Viola tricolor-Zimmer im Storm-Haus)

Im Storm-Museum: An diesem Schreibtisch vollendete Storm die Novelle „Der Schimmelreiter". Die Eulen am Scheibtisch hat Emil Nolde (damals noch der Tischlerlehrling Emil Hansen) geschnitzt.

Rasch — denn er wäre fast in das Muster der kostbaren Tischdecke gefallen — sog sie ihn mit ihren Lippen auf; dann leise, wie sie gekommen, die geraubte Rose in der Hand, schlüpfte sie wieder durch die Türvorhänge auf den Flur hinaus. Nachdem sie auch hier noch einmal gehorcht hatte, flog sie die Treppe wieder hinauf, die sie zuvor herabgekommen war, und droben weiter einen Korridor entlang, bis an die letzte Tür desselben. Einen Blick

Blick in den Mahagoni-Wandschrank im Poetenstübchen mit einigen Büchern von Storms Bibliothek

noch warf sie durch eines der Fenster, vor dem im Abendschein die Schwalben kreuzten; dann drückte sie die Klinke auf.

Es war das Studierzimmer ihres Vaters, das sie sonst in seiner Abwesenheit nicht zu betreten pflegte; nun war sie ganz allein zwischen den hohen Repositorien, die mit ihren unzähligen Büchern so ehrfurchtgebietend umherstanden. Als sie zögernd die Tür hinter sich zugedrückt hatte, wurde unter einem zur Linken von derselben befindlichen Fenster der mächtige Anschlag eines Hundes laut. Ein Lächeln flog über die ernsten Züge des Kindes; sie ging rasch an das Fenster und blickte hinaus. Drunten breitete sich der große Garten des Hauses in weiten Rasen- und Gebüschpartien aus; aber ihr vierbeiniger Freund schien schon andere Wege eingeschlagen zu haben; so sehr sie spähte, nichts war zu entdecken. Und wie Schatten fiel es allmählich wieder über das Gesicht des Kindes; sie war ja zu was anderem hergekommen; was ging sie jetzt der Nero an!

Nach Westen hinaus, der Tür, durch welche sie eingetreten, gegenüber, hatte das Zimmer noch ein zweites Fenster. An der Wand daneben, so dass das Licht dem daran Sitzenden zur Hand fiel, befand sich ein großer Schreibtisch mit dem ganzen Apparat eines gelehrten Altertumsforschers; Bronzen und Terrakotten aus Rom und Griechenland, kleine Modelle antiker Tempel und Häuser und andere dem Schutt der Vergangenheit entstiegene Dinge füllten fast den ganzen Aufsatz desselben. Darüber aber, wie aus blauen Frühlingslüften heraustretend, hing das lebensgroße Brustbild einer jungen Frau; gleich einer Krone der Jugend lagen die goldblonden Flechten über der klaren Stirn. — „Holdselig", dies veraltete

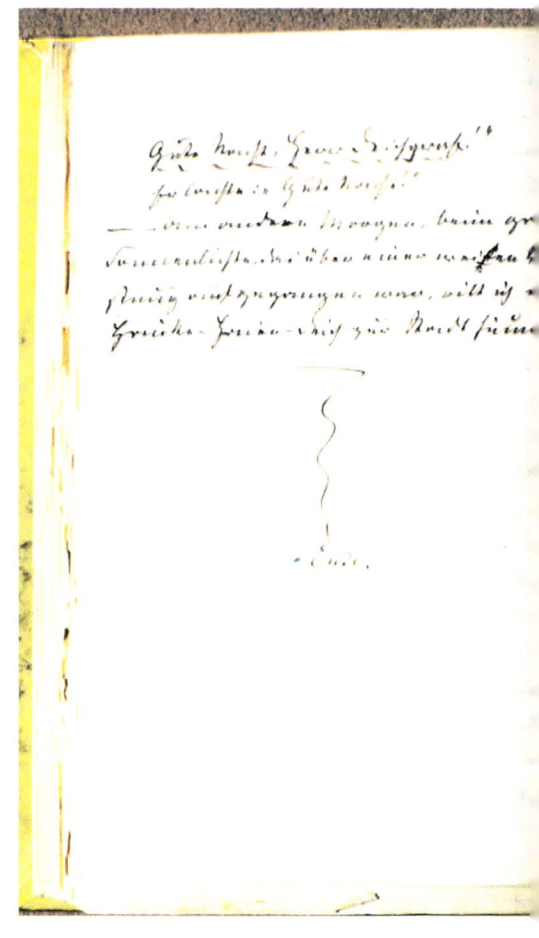

Aus dem Nachlass Theodor Storms. Als Handschrift der letzten und bekanntesten Novelle „Der Schimmelreiter" haben diese Blätter einen beträchtlichen Gefühlswert. Obwohl sie mit ihrem linierten Papier, das bis an den Rand beschrieben ist, auf dem ersten Blick nicht gerade eindrucksvoll sind. Hier ist der Schluss abgebildet, mit den letzten Zeilen auf der Rückseite des vorhergehenden Blattes.
(Original: SHLB Kiel)

Wort hatten ihre Freunde für sie wieder hervorgesucht; — einst, da sie noch an der Schwelle dieses Hauses mit ihrem Lächeln die Eintretenden begrüßte. — Und so blickte sie noch jetzt im Bilde mit ihren blauen Kinderaugen von der Wand herab; nur um den Mund spielte ein leichter Zug von Wehmut, den man im Leben nicht an ihr gesehen hatte. Der Maler war auch derzeit wohl darum gescholten worden; später, da sie gestorben, schien es allen recht zu sein.

Das kleine schwarzhaarige Mädchen kam mit leisen Schritten näher; mit leidenschaftlicher Innigkeit hingen ihre Augen an dem schönen Bildnis.

„Mutter, meine Mutter!", sprach sie flüsternd; doch so, als wolle mit den Worten sie sich zu ihr drängen.

Das schöne Antlitz schaute, wie zuvor, leblos von der Wand herab; sie aber kletterte, behend wie eine Katze, über den davorstehenden Sessel auf den Schreibtisch, und stand jetzt mit trotzig aufgeworfe-

nen Lippen vor dem Bilde, während ihre zitternden Hände die geraubte Rose hinter der unteren Leiste des Goldrahmens zu befestigen suchten. Als ihr das gelungen war, stieg sie rasch wieder zurück und wischte mit ihrem Schnupftuch sorgsam die Spuren ihrer Füßchen von der Tischplatte.

Aber es war, als könne sie jetzt aus dem Zimmer, das sie zuvor so scheu betreten hatte, nicht wieder fortfinden; nachdem sie schon einige Schritte nach der Tür getan hatte, kehrte sie wieder um; das westliche Fenster neben dem Schreibtische schien diese Anziehungskraft auf sie zu üben.

Auch hier lag unten ein Garten, oder richtiger, eine Gartenwildnis. Der Raum war freilich klein; denn wo das wuchernde Gebüsch sie nicht verdeckte, war von allen Seiten die hohe Umfassungsmauer sichtbar. An dieser, dem Fenster gegenüber, befand sich, in augenscheinlichem Verfall, eine offene Rohrhütte; davor, von dem grünen Gespinste einer Clematis fast bedeckt, stand noch ein Gartenstuhl. Der Hütte gegenüber musste einst eine Partie von hochstämmigen Rosen gewesen sein; aber sie hingen jetzt wie verdorrte Reiser an den entfärbten Blumenstöcken, während unter ihnen mit unzähligen Rosen bedeckte Zentifolien ihre fallenden Blätter auf Gras und Kraut umher streuten.

Die Kleine hatte die Arme auf die Fensterbank und das Kinn in ihre beiden Hände gestützt, und schaute mit sehnsüchtigen Augen hinab.

Ein schmales Gärtchen, wie Storm schrieb, gab es wohl früher und gibt es auch heute noch am Storm-Haus in der Wasserreihe.

Alte Utluchten, die typisch waren für viele Wohnhäuser des 18. Jahrhunderts, haben sich in der Altstadt von Husum erhalten. Viele schöne Haustüren, Maueranker und Gesimse kann man heute noch in der Wasser-reihe bewundern.

Haustür in der Süderstraße 12; hier arbeitete Theodor Storm als Landvogt in den Jahren von 1864–1866.
In diesem Haus besuchte ihn am 28. September 1864 sein Dichterkollege Theodor Fontane.
Im Jahr 1865 starb hier Storms Frau Constanze, nach der Geburt des siebten Kindes.

UND SCHON WAR ICH AM THORHAUS UND SAH DRUNTEN IM HOF
DIE ALTEN LINDEN, HINTER DEREN LICHTGRÜNEM LAUB DIE BEIDEN
ZACKENGIEBEL DES HERRENHAUSES ITZT VERBORGEN
LAGEN. ALS ICH ABER DURCH DEN THORWEG GEHEN WOLLTE,
JAGTEN VOM HOFE HER ZWEI FAHLGRAUE BULLENBEISSER MIT
STACHELHALSBÄNDERN GAR WILD GEGEN MICH HERAN; SIE
ERHUBEN EIN ERSCHRECKLICHES GEHEUL, UND DER EINE SPRANG
AUF MICH UND FLETSCHTE SEINE WEISSEN ZÄHNE DICHT VOR
MEINEM ANTLITZ. SOLCH EINEN WILLKOMMEN HATTE ICH NOCH
NIEMALEN HIER EMPFANGEN. DA, ZU MEINEM GLÜCK, RIEF AUS DEN
KAMMERN OBER DEM THORE EINE RAUHE, ABER MIR GAR TRAUTE
STIMME: „HALLO!" RIEF SIE ...

Aquis submersus

Das frühere Torhaus am Südrand des äußeren Schlossplatzes wurde im Jahre 1612 errichtet. In der Portal-
bekrönung aus Sandstein ist das Wappen der Herzogin Augusta, das dänische Königswappen zu sehen, flan-
kiert von lebensgroßen sandsteinernen Figuren der Athena und Venus. Mit seinen bewegten Schweifwerk-
giebeln ist das Torhaus eine heitere Reminiszenz an den einstigen architektonischen Reichtum des herzoglichen „Schlosses vor Husum" (nächste Doppelseite). Das Schloss wurde als Dreiflügelanlage von 1577 bis
1582 auf dem Gelände eines niedergelegten Franziskanerkloster errichtet.

DIE GEGENÜBERLIEGENDE TÜR ZU OHEIMS ZIMMER WAR WEIT GEÖFFNET, [...] SIE KONNTE DEUTLICH DIE VERGOLDETEN ENGELSKÖPFE UNTER DEM KAMINGESIMS ERKENNEN.

Im Schloss

Im Schloss vor Husum ist alles noch so, wie es Storm beschreibt: so auch die Kamine. Der „Fortunakamin" wurde 1616 von Henni Heidtrider im Schloss eingebaut. Zwei Putten stützen den Sturz.

Am Hauptturm des Schlosses prangt das epitaphartige Sandsteinwappen mit den Wappen des dänischen Königs und des herzoglichen Hauses.

Das „Neue Gebäude" im Westen des Schlossgeländes wurde im 17. Jahrhundert erbaut. Heute wird das zweigeschossige Backstein-Traufenhaus mit Stufengiebel in einem großen Garten im allgemeinen „Kava-liershaus" genannt. Unter der Hofhaltung der Herzogwitwe diente es wohl als Gästehaus.

Einst blickte die sandsteinerne Treppenfigur, heute an dem Haus Schiffbrücke 22, auf die Gesellschaft bei Hofe. Die Figuren sind irgendwann von einem Kamin im herrschaftlichen Schloss entfernt und zum Hafen gebracht worden, um dort den Eingang zu einem kleinbürgerlichen Haus zu schmücken.

Die unbehauenen Grenzsteine mit der Jahreszahl 1609 und einer Krone sind im Husumer Stadtgebiet noch zu finden. Die Buchstaben IAH stehen für Johann Adolf Herzog und auf der anderen Seite HA für Herzogin Augusta, der das Amt Husum gehörte.

Durch das Norderportal aus dem 17. Jahrhundert in der ehemaligen Hofmauer führt der Weg in den Schlosspark. Im Park steht die 1898 von Adolf Brütt geschaffene Bronzebüste für den großen Sohn der Stadt auf einem Granitsockel.

Millionen Krokusse verwandeln im Frühjahr die Rasenflächen im Schlosspark in ein schimmerndes Blütenmeer.

APRIL

Das ist die Drossel, die da schlägt,
Der Frühling, der mein Herz bewegt;
Ich fühle, die sich hold bezeigen,
Die Geister aus der Erde steigen;
Das Leben fließet wie ein Traum,
Mir ist wie Blume, Blatt und Baum.

Die Errichtung des Husumer Wasserturms hat
Storm nicht mehr erlebt. Der Bau von Anfang des
vorletzten Jahrhunderts steht auf jenen „Berg",
den der Dichter hier beschreibt.

WIR PFLEGEN [...] UNTER DEM DÜRFTIGEN SCHATTEN NACH DEM
SO GENANNTEN „BERG" ZU WANDELN, EINER KLEINEN
ANHÖHE IN DER NORDWESTLICHENEN ECKE DES GARTENS
OBERHALB DEM AUSGETROCKNETEN BETTE EINES FISCHTEICHES,
VON WO AUS DER WEITESTEN AUSSICHT NICHTS IM WEGE STEHT.

Aquis submersus

ICH WAR AUF MEINER BANK GANZ WIE VERZAUBERT; DIESE
SELTSAMEN BEWEGUNGEN, DIESE FEINEN ODER SCHNARRENDEN
PUPPENSTIMMCHEN, DIE DENN DOCH WIRKLICH AUS IHREM MUNDE
KAMEN, — ES WAR EIN UNHEIMLICHES LEBEN IN
DIESEN KLEINEN FIGUREN, DAS GLEICHWOHL MEINE AUGEN WIE
MAGNETISCH AUF SICH ZOG …
DA WAR UNTER DEN DIENERN AUF DER BURG EINER IM GELBEN
NANKINGANZUG, DER HIESS KASPERL. WENN DIESER BURSCHE
NICHT LEBENDIG WAR, SO WAR NOCH NIEMALS ETWAS LEBENDIG
GEWESEN; ER MACHTE DIE UNGEHEUERSTEN WITZE, SODASS DER
GANZE SAAL VOR LACHEN BEBTE; IN SEINER NASE, DIE SO GROSS
WIE EINE WURST WAR, MUSSTE ER JEDENFALLS EIN GELENK HABEN;
DENN WENN ER SO SEIN DUMM-PFIFFIGES LACHEN
HERAUSSCHÜTTELTE, SO SCHLENKERTE DER NASENZIPFEL
HIN UND HER …
ICH WAR GANZ VERNARRT IN DEN LIEBEN KERL!

Pole Poppenspäler

Vor der Bürgerschule steht die Skulptur „Pole Poppenspäler" nach der Novelle von Theodor Storm. Die Figur von Karlheinz Goedtke ist ein Geschenk der Ede-Sörensen-Stiftung.

WENN ABENDS DIE DÄMMERUNG
SICH DEM DUNKEL NAHTE ODER
WENN DER MOND AUS SEINER
HIMMELSHÖH' HERABSCHIEN,
DANN SCHRITT DANIEL AUS
SEINEM HAUSE DIE SÜDERSTRASSE
HINAB, ÜBER DEN MARKT UND
HINTEN DURCH DEN EINSAMEN
SCHLOSSGANG ...

Bötjer Basch

Sehenswert ist der Schlossgang, die Verbindung vom Schloss zum Markt. Hier lag im 19. Jahrhundert die Husumer Bierbrauerei, die jedoch einer modernen Wohnbebauung weichen musste. Nur die alte Keller- anlage ist geblieben, sie gehört zu den ältesten erhalte- nen Bauwerken der Stadt.

55

Das Alte Rathaus in der Großstraße. Freitreppe mit dem Niedergang zum Ratskeller und die Durchfahrt zum Schlossgang.

AN DEM RATHHAUSE DER WACHTMEISTER UND DIE FUSSKNECHTE IN BEWEGUNG WAREN, UND HATTE EINER BEREITS EINEN SCHWARZEN TEPPICH ÜBER DAS GELÄNDER DER GROSSEN TREPPE AUFGEHANGEN; ICH ABER GING DURCH DEN SCHWIBBOGEN, SO UNTER DEM RATHHAUSE IST, EILENDS ZUR STADT HINAUS.

Aquis submersus

Seit 1656 ist die Schwan-Apotheke in diesem Gebäude.
Auf dem Marktplatz ist jeden Donnerstag Wochenmarkt.

AN EINEM MARKTAGE WAR ES GEWESEN; ER HATTE SICH VON
SEINEM HAUSE AN DURCH DIE REIHEN DER BAUERNWAGEN
UND DER EIER- UND GEMÜSEKÖRBE DURCHGEDRÄNGT;
ER HATTE HIER UND DORT EINER MARSCHBÄUERIN
DIE HAND GESCHÜTTELT UND SIE BEI VOR- UND ZUNAMEN
BEGRÜSST ...

Drüben am Markt

Das Herrenhaus am Markt wird bereits 1520 erstmals urkundlich erwähnt. Der Legende nach soll es sich bei den Köpfen am Giebel um die Porräts einiger Husumer Bürger handeln, die nach der Niederschlagung des Aufstandes 1472 hingerichtet wurden. So heißen sie im Volksmund auch die „Rebellenköpfe".

Die Beischlagwangen von 1605 links und rechts vom Treppenaufgang gehörten ursprünglich zu einem nicht mehr vorhandenen Gebäude am Markt 19.

Das zweigeschossige Giebelhaus Großstraße 30 (rechts) mit Doppelwappen, Speichergeschoss und begradigtem Giebel mit Doppelrundbogenblenden war in der Novelle „Drüben am Markt" das „große Giebelhaus" des Bürgermeisters.

Ein traditionsreiches Haus ist es schon, das Wernersche Haus in der Großstraße 18. Das zweigeschossige Backsteinhaus, die Front mit blendengegliedertem Obergeschoss und Stufengiebel mit Doppelrundbogen-blenden mit Luken in drei Geschossen, gehört zu den ältesten noch erhaltenen Kaufmannshäusern.

GELICK·A·SO·ROCK·VND
STOF·VOR·SWINDT·A·SO
SINT·OCK·DE·MINSCHEN
KINDT

DER STEIN, DARAUF DIESE WORTE EINGEHAUEN STEHEN, SASS OB
DEM THÜRSIMS EINES ALTEN HAUSES. WENN ICH DARAN VORBEI
GING, MUSSTE ICH ALLEZEIT MEINE AUGEN DAHIN WENDEN, UND
AUF MEINEN EINSAMEN WANDERUNGEN IST DANN SELBIGER
SPRUCH OFT LANGE MEIN BEGLEITER GEBLIEBEN.

Aquis submersus

Das Aquis-Submersus-Haus steht heute nicht mehr. Nur der in Sandstein gehauene Spruch, der ursprünglich über der Tür des Hauses angebracht war (heute Ecke Krämerstraße und Markt) ist noch erhalten:
„Gelick a so Rock und Stof vor swindt, a so sint ock de Minschenkindt". (Ebenso wie Rauch und Staub vergehen, so vergehen auch die Menschenkinder).

Mitten auf dem Marktplatz steht eine Frau hoch auf einem Sockel und überblickt alles: die „Tine", eine
Fischersfrau in Tracht, in Holzschuhen, mit einem Ruder in der Hand. Sie wurde zu einem Wahrzeichen
Husums. Das 1902 errichtete Denkmal, geschaffen vom 1855 in Husum geborenen Bildhauer Adolf Brütt,
erinnert an Anna Catharina Asmussen (1793–1868), die ihr Vermögen zum Wohle Bedürftiger einsetzte.

MIT DEM KÜSTER, DER ZUGLEICH GLÖCKNER WAR, HATTE ER NUR
FREUNDSCHAFT GESCHLOSSEN, WEIL DIE DREI GROSSEN
GLOCKEN IM KIRCHTURME GEHEIMNISVOLL SEINE NEUGIER
REIZTEN. WENN [...] MIT ALLEN DREIEN [...] GELÄUTET WERDEN
SOLLTE, SO WAR ER SICHER VORHER SCHON AUF DEM
DRITTOBERSTEN TURMBODEN, UND KAM DER ERSTE TON DES
GELÄUTES, SO KLOMM ER AN DEN QUERLEISTEN DES
EMPORGEHENDEN BALKENS HINAUF, DER VON DORT STATT EINER
STIEGE AN DER GRÖSSTEN GLOCKE VORBEIFÜHRTE ...

Bötjer Basch

Der zentrale Punkt der Stadt ist der Marktplatz, dort befindet sich die St.-Marien-Kirche. Sie entstand von 1829 bis 1833, also erst zur Zeit Storms, nach Plänen des Dänen C. F. Hansen als Ersatzbau für Alt-St.-Marien, die abgerissen (1807–1808) werden musste.

Der Innenraum der Marienkirche ist beidseitig durch eine durchlaufende dorische Säulenreihe mit Empore darüber gegliedert. Die Taufe wurde 1643 gegossen und das Epitaph für den Reformator Hermann Tast.

ANNO 1666 KAM ICH ZUM ERSTEN MAL IN DIESE STADT AN DER
NORDSEE; MASSEN VON EINER REICHEN BRANNTWEIN-
BRENNER-WITWE MIR DER AUFTRAG WORDEN, DIE
AUFERWECKUNG LAZARI ZU MALEN, WELCHES BILD SIE ZUM
SCHULDIGEN UND FREUNDLICHEN GEDÄCHTNISS IHRES SELIGEN,
DER HIESIGEN KIRCHE ABER ZUM ZIERATH ZU STIFTEN GEDACHTE,
ALLWO ES DENN AUCH NOCH HEUTE ÜBER DEM TAUFSTEINE MIT
DEN VIER APOSTELN ZU SCHAUEN IST

Aquis submersus

In St. Jürgen

Meine Gedanken gehen die lange Straße hinauf bis zum äußersten Ende, wo das St. Jürgensstift liegt; denn auch unsere Stadt hat ein solches, wie im Norden die meisten Städte von einiger Bedeutung. Das jetzige Haus ist im sechzehnten Jahrhundert von einem unserer Herzöge erbaut und durch den Wohltätigkeitssinn der Bürger allmählich zu einem gewissen Reichtume gediehen, sodass es nun für alte Menschen, die nach der Not des Lebens noch vor der ewigen Ruhe den Frieden suchen, einen gar behaglichen Aufenthaltsort bildet. – Mit der einen Seite streckt es sich an dem St. Jürgenskirchhof entlang, unter dessen mächtigen Linden schon die ersten Reformatoren gepredigt haben; die andere liegt nach dem innern Hofe und einem angrenzenden schmalen Gärtchen, aus dem in meiner Jugendzeit die Pfründnerinnen sich ihr Sträußchen zum sonntäglichen Gottesdienste pflückten. Unter zwei schweren gotischen Giebeln führt ein dunkler Torweg von der Straße her in diesen Hof, von welchem aus man durch eine Reihe von Türen in das Innere des Hauses, zu der geräumigen Kapelle und zu den Zellen der Stiftsleute gelangt.

Durch jenes Tor bin ich als Knabe oft gegangen; denn seitdem, lange vor meiner Erinnerung, die große St. Marienkirche wegen Baufälligkeit abgebrochen war, wurde der allgemeine Gottesdienst viele Jahre hindurch in der Kapelle des St. Jürgenstiftes gehalten.

Das „Gasthaus zum Ritter St. Jürgen", volkstümlich meistens „Kloster" genannt, ist heute Altenstift in der Nachfolge des im 15. Jahrhundert gegründeten St.-Georg-Hospitals. Mit der Errichtung der Kirche als vermutlich älteste Teil der Gasthausanlage ist 1563 begonnen worden. Die neogotische Giebelfront wurde 1878/79 weitgehend erneuert.

Wie oft zur Sommerzeit, ehe ich in die Kapellentür trat, bin ich in der Stille des Sonntagmorgens zögernd auf dem sonnigen Hofe stehen geblieben, den von dem nebenliegenden Gärtchen her, je nach der Jahreszeit, Goldlack-, Nelken- oder Resedaduft erfüllte. — Aber dies war nicht das Einzige, weshalb mir derzeit der Kirchgang so lieblich schien; denn oftmals, besonders wenn ich ein Stündchen früher auf den Beinen war, ging ich weiter in den Hof hinab und lugte nach einem von der Morgensonne beleuchteten Fensterchen im obern Stock, an dessen einer Seite zwei Schwalben sich ihr Nest gebaut hatten. Der eine Fensterflügel stand meistens offen; und wenn meine Schritte auf dem Steinpflaster laut wurden, so bog sich wohl ein Frauenkopf mit grauem glattgescheitelten Haar unter einem schneeweißen Häubchen daraus hervor und nickte freundlich zu mir herab. „Guten Morgen, Hansen", rief ich dann; denn nur bei diesem, ihrem Familiennamen, nannten wir Kinder unsere alte Freundin; wir wussten kaum, dass sie auch noch den wohlklingenden Namen „Agnes" führte, der einst, da ihre blauen Augen noch jung und das jetzt graue Haar noch blond gewesen, gar wohl zu ihr gepasst haben mochte. Sie hatte viele Jahre bei der Großmutter gedient, und dann, ich mochte damals in meinem zwölften Jahre sein, als die Tochter eines Bürgers, der der Stadt Lasten getragen, im Stifte Aufnahme gefunden.

Im Hof des „Gasthauses zum Ritter St. Jürgen". Hier im Haus ist auch der Eingang in die Klosterkirche, darüber die Klosterglocke aus dem Jahre 1505. Die Kirche ist die älteste in Husum. Bereits im Jahr 1563 wurde sie als Gemeindekirche für den damaligen Ortsteil St. Jürgen errichtet.
Nächste Doppelseite: Blick in den Saalraum mit der Balkendecke. Über dem Altar von 1641 ein Bild vom Abendmahl von D. Witt in einem Knorpelwerkrahmen. Daneben die Kanzel, um 1565, und die an der Altarwand angebrachte Tür mit dem Datum 1558. Sie ist ein bedeutsames, niederländisch geprägtes Ranaissancewerk.

76

In der Süderstraße hat sich die typische Husumer Altstadt mit den kleinen, eingeschossigen Traufenhäusern gut erhalten. Hier wohnten früher die Handwerker und Arbeiter. Hier legte Storm auch das Haus,
ohne es zu benennen, des „Bötjer Basch" hin.

Du kennst unseren Schützenhof in der Süderstrasse; auf der Haustür sah man damals noch einen schön gemalten Schützen in Lebensgrösse, mit Federhut und Büchse; im Übrigen war aber der alte Kasten damals noch baufälliger, als er heute ist. [...] Das alte zweistöckige Haus wurde von niemandem weder bewohnt noch gebraucht; windrissig und verfallen stand es da zwischen den munteren Nachbarhäusern; nur in dem öden weissgekalkten Saale, der fast das ganze obere Stockwerk einnahm, produzierten mitunter starke Männer oder durchreisende Taschenspieler ihre Künste. [...]
Endlich war ich an Ort und Stelle. Die grosse Tür stand offen, und allerlei Leute wanderten hinein.

Pole Poppenspäler

Ein Hauptschauplatz der Novelle „Pole Poppenspäler" von Theodor Storm ist der ehemalige Schützenhof. Dieses Haus in der Süderstraße 42 ist ein Stück Wirklichkeit in Husum, das der Dichter in seine Novelle hineinnimmt. Im Kern stammt das ehemalige Gildehaus wohl aus dem Ende des 16. Jahrhunderts.

Im 15. Jahrhundert wurde der Damm nach Rödemis angelegt. Seit 1584 ist hier schon Dragseth's Gasthof beheimatet.

ALS ICH NÄHER GEKOMMEN WAR, SAH ICH VOR DEM WIRTSHAUSE, WO DAMALS DIE NACH OST BELEGENEN DÖRFER IHRE ANFAHRT HATTEN, NOCH EINEN ANGESCHIRRTEN BAUERWAGEN HALTEN; DER ALTE HAUSKNECHT STAND MIT DER STALLLEUCHTE DANEBEN, WÄHREND DIE LEUTE SICH ZUR ABFAHRT RÜSTETEN ...

Draußen im Heidedorf

Die Husumer Schule wusste so wenig von neuerer deutscher Literatur, dass mir Uhland, dessen Name ich gehört hatte, derzeit als ein alter Minnesänger vorschwebte...

Leider muss ich bekennen, dass auch die deutsche Poesie als Luxusartikel betrachtet wurde und lediglich dem Privatgeschmack anheimgegeben war, und dieser Geschmack war äußerst unerheblich. ... Auf der alten Gelehrtenschule meiner Vaterstadt wussten wir wenig von deutscher Poesie, außer etwa den Brocken, welche uns durch die Hildenhurghausensche „Miniaturbibliothek der deutschen Klassiker" zugeführt wurden, deren Dichter aber fast sämtlich der Zopf- und Puderzeit angehörten. Zwar lasen wir auch unseren Schiller, dessen Dramen in der Stille eines Heubodens oder Dachwinkels von mir verschlungen wurden, und selbst ein altes Exemplar von Goethes Gedichten kursierte einmal unter uns, dass es aber lebende deutsche Dichter gäbe und gar solche, welche noch ganz anders auf mich wirken würden als selbst Bürger und Hölty, davon hatte mein siebzehnjähriges Primanerherz keine Ahnung.

Ferdinand Röse/
Meine Erinnerungen an Eduard Mörike

Schon im Jahr 1527 hat der Reformator der Stadt, Hermann Tast, in Husum eine Lateinschule gegründet. Etwa ab 1550 nannte sie sich „Gelehrtenschule". Von den Schülern der Gelehrtenschule sind viele später bekannte Leute geworden, einer davon ist Theodor Storm. Als das alte Schulgebäude von 1531 zu klein wurde erbaute man 1866/67 ein größeres Haus in neugotischem Stil in der Süderstraße, für das der Königlich-Preußische Regierungsbauinspektor Johann Friedrich Holm die Entwürfe lieferte. Im Jahr 1996 wurde die Schule zum 5-Sterne-Hotel „Altes Gymnasium" umgebaut.

DER KLEINE HÄWELMANN

Nun lag der kleine Häwelmann eines Nachts in seinem Rollenbett und konnte nicht einschlafen; die Mutter aber schlief schon lange neben ihm in ihrem großen Himmelbett. „Mutter", rief der kleine Häwelmann, „ich will fahren!" Und die Mutter langte im Schlaf mit dem Arm aus dem Bett und rollte die kleine Bettstelle hin und her, und wenn ihr der Arm müde werden wollte, so rief der kleine Häwelmann: „Mehr, mehr!" und dann ging das Rollen wieder von vorne an. Endlich aber schlief sie gänzlich ein; und soviel Häwelmann auch schreien mochte, sie hörte es nicht; es war rein vorbei. – Da dauerte es nicht lange, so sah der Mond in die Fensterscheiben, der gute alte Mond, und was er da sah, war so possierlich, dass er sich erst mit seinem Pelzärmel über das Gesicht fuhr, um sich die Augen auszuwischen; so etwas hatte der alte Mond all sein Lebtage nicht gesehen. Da lag der kleine Häwelmann mit offenen Augen in seinem Rollenbett und hielt das eine Beinchen wie einen Mastbaum in die Höhe. Sein kleines Hemd hatte er ausgezogen und hing es wie ein Segel an seiner kleinen Zehe auf; dann nahm er ein Hemdzipfelchen in jede Hand und fing mit beiden Backen an zu blasen.

Hier in der Neustadt 56 lebte der junge Anwalt Storm von 1845 bis 1853. Das eingeschossige Giebelhaus mit Datum 1675, Utlucht und kleinem Nebenhaus mit gesimsdurchteiltem Giebel ist bezeichnend für den einst mehr kleinstädtischen Charakter der Husumer Neustadt. In diesem Haus wurden seine Söhne Hans, Ernst und Karl geboren. Für seinen Ältesten, den „Kleinen Häwelmann", schrieb Storm die gleichnamige Kindergeschichte.

WEIHNACHTSLIED

Vom Himmel in die tiefsten Klüfte
Ein milder Stern herniederlacht;
Es brennt der Baum, ein süß' Gedüfte
Durchschwimmet träumerisch die Lüfte,
Und kerzenhelle wird die Nacht.

Mir ist das Herz so froh erschrocken,
Das ist die liebe Weihnachtszeit!
Ich höre fernher Kirchenglocken
Mich lieblich heimatlich verlocken
In märchenstille Herrlichkeit.

Ein frommer Zauber hält mich wieder,
Anbetend, staunend muss ich stehn;
Es sinkt auf meine Augenlider
Ein goldner Kindertraum hernieder,
Ich fühl's, ein Wunder ist geschehn.

Im Storm-Museum wird alle Jahre wieder ein Weih-
nachtsbaum geschmückt, wie Theodor Storm es so
vielfältig beschrieben hat. Auch der „Märchenzweig",
der vergoldete Lärchenzweig, darf nicht fehlen.

ABSEITS

Die Wintersonne lag über der Heide; sie spiegelte sich in den Fensterscheiben eines neuen strohgedeckten Hauses, das in dieser Einsamkeit wie hingestellt war auf die braune, unabsehliche Decke des Heidekrautes. Nur seitwärts dahinter lag noch eine mäßig große Scheuer und neben derselben, dem Tore des Hauses gegenüber, ragte die lange Stange eines Brunnens in die Luft. Ein paar Schritte weiter ein niedriger Wall aus Sand und Steinen, der sich auch nach vorn um das Haus herumzog; und dann wieder nichts als der leere Himmel und die braune, gleichmäßige Ebene. Das Gehöft lag in dem nördlichsten deutschen Lande, das nach blutigem Kampfe jetzt mehr als jemals in der Gewalt des fremden Nachbarvolkes war. Erbaut war es vor wenigen Jahren von einem wohlhabenden Kaufmann der kleinen Seestadt, deren Turmspitze man aus den Fenstern der Vorderstube am Horizonte erblickte. — Bald nach Beendigung des unglücklichen Krieges hatte er von mehreren Gemeinden, deren Feldmark hier zusammenstieß, die nicht unbeträchtlichen Bodenstrecken käuflich erworben.

Die Lage war für die Entstehung eines ländlichen Heimwesens günstig; denn einen Büchsenschuss nördlich von dem jetzt dort mit der Fronte gegen Abend schauenden Hause drängt sich ein mäßig breiter, fischreicher Strom durch die Heide, abwärts einem Landsee zu, der sein ovales Becken bis fast an die Stadt erstreckt.

Das Freilichtmuseum Ostenfelder Bauernhaus befindet sich auf dem Gelände des ehemaligen Woldsen'schen Gartens, den Storm eingehend beschrieben hat.

MIT EINER HANDLATERNE

Laterne, Laterne!
Sonne, Mond und Sterne,
die doch sonst am Himmel stehn,
lassen heut sich nimmer sehn;
zwischen Wasserreih und Schloss
ist die Finsternis so groß,
gegen Löwen rennt man an,
die man nicht erkennen kann!

Kleine freundliche Latern,
sei du Sonne nund und Stern;
sei noch oft der Lichtgenoß
zwischen Wasserreih und Schloss
oder – dies ist einerlei –
zwischen Schloss und Wasserreih!

Die Löwen von 1612 mit dem herzoglichen Wappen stehen heute noch auf beiden Seiten der Zufahrt zum Schloss.

GODE NACHT

Över de stillen Straten
Geit klar de Klokkenslag;
God Nacht! Din Hart will slapen,
Un morgen is ok en Dag.

Din Kind liggt in de Weegen,
Un ik bün ok bi di;
Din Sorgen un din Leven
Is allens um un bi.

Noch eenmal lat uns spräken:
Goden Abend, gode Nacht!
De Maand schient op de Däken,
Uns' Herrgott hölt de Wacht.

Das neue Rathaus (1987–1989) prägt das Bild
des Binnenhafens. Es wurde auf dem ehemaligen Werftgelände erbaut.

THEODOR STORM

Am 14. September 1817 wird Hans Theodor Woldsen Storm im Haus Markt 9 in Husum geboren. Seine Eltern sind der Rechtsanwalt Johann Casimir Storm (1790-1874) und Lucie Storm, geb. Woldsen (1797–1879). 1821 zieht die Familie in das Haus Hohle Gasse 3 um (S. 20). Storm besucht die Gelehrtenschule in Husum und ein Gymnasium in Lübeck. Er studiert Jura in Berlin und Kiel, wo er 1842 sein Staatsexamen ablegt, bevor er eine Stelle in der Kanzlei seines Vaters in Husum antritt. Schon bald eröffnet er eine eigene Kanzlei. 1844 verlobt er sich mit seiner Cousine Constanze Esmarch, die er 1846 heiratet. Das Paar lebt zunächst im Haus Neustadt 56 (S. 84–85). 1847 beginnt das Liebesverhältnis zwischen Storm und Dorothea Jensen. Im Dezember 1848 wird Storms erster Sohn, Hans, geboren, für den er „Der kleine Häwelmann" (S. 85) schreibt. 1849 wird Storm mit der zweiten Fassung von „Immensee" als Dichter weithin bekannt. Im gleichen Jahr verliert er seine Bestallung als Rechtsanwalt, da er nach der Niederschlagung der Schleswig-Holsteinischen Erhebung nicht bereit ist, eine Loyalitätserklärung gegenüber der Dänischen Krone abzugeben.
1853 wird Storm zum preußischen Gerichtsassessor in Potsdam ernannt. 1856 übersiedelt die Familie nach Heiligenstadt/Thüringen, wo Storm zum Kreisrichter ernannt worden ist. Hier entstehen zahlreiche bedeutende Novellen sowie mehrere Märchen. Im März 1864 kehrt Storm nach Husum zurück und tritt das Amt des Landvogtes an.
Im folgenden Jahr stirbt Constanze Storm. Der Gedichtzyklus „Tiefe Schatten" und die Novelle „Von Jenseit des Meeres" entstehen. 1866 heiratet der Dichter Dorothea Jensen. Die Familie wohnt im Haus Wasserreihe 31 (S. 24). Die Novelle „In St. Jürgen" (S. 70) entsteht. 1868 wird Storm Amtsrichter, 1874 Oberamtsrichter. Im gleichen Jahr entsteht „Pole Poppenspäler" (S. 52), 1876 „Aquis submersus", dann „Carsten Curator" (S. 14). 1880 wird Storm in den Ruhestand entlassen und zieht nach Hademarschen um. Hier entstehen u. v. a. „Die Söhne des Senators" und „Bötjer Basch". Trotz schwerer Erkrankung stellt er 1888 den „Schimmelreiter" (S. 30) fertig. Theodor Storm stirbt am 4. Juli 1888 in Hademarschen. Drei Tage später wird er auf dem Friedhof zu St. Jürgen (Bild links) in der Storm-Woldsen-Gruft beigesetzt.

Umschlagbild: Wasserreihe mit dem Storm-Haus

Bibliografische Information Der Deutschen Bibliothek

Die Deutsche Bibliothek verzeichnet diese Publikation in der Deutschen
Nationalbibliografie; detaillierte bibliografische Daten sind im Internet
über http://dnb.ddb.de abrufbar.

Den Texten Theodor Storms liegt folgende Ausgabe zugrunde:
Theodor Storm, Sämtliche Werke in vier Bänden,
hrsg. von Karl Ernst Laage und Dieter Lohmeier, Frankfurt am Main 1987.
Die Rechtschreibung wurde den neuen amtlichen Regeln behutsam angeglichen.

6., überarbeitete Auflage 2024

© 2003 by Husum Druck- und Verlagsgesellschaft mbH u. Co. KG.
   Husum
Gesamtherstellung: Husum Druck- und Verlagsgesellschaft
D-25813 Husum – www.verlagsgruppe.de
ISBN 978-3-89876-094-2